El nombre del alba

Museo Salvaje

Colección de poesía

———————————————

Poetry Collection

Wild Museum

Juan Suárez

EL NOMBRE DEL ALBA

Nueva York Poetry Press®

Nueva York Poetry Press LLC
128 Madison Avenue, Oficina 2RS
New York, NY 10016, USA
Teléfono: +1(929)354-7778
nuevayork.poetrypress@gmail.com
www.nuevayorkpoetrypress.com

El nombre del alba
© 2019 Juan Suárez

ISBN-13: 978-1-950474-16-5
ISBN-10: 1-950474-16-X

© Contratapa:
Juan Carlos Olivas

© Colección *Museo Salvaje* vol. 17
Homenaje a Olga Orozco
Poesía latinoamericana

© Concepto de colección y edición:
Marisa Russo

© Diseño de colección y cubierta:
William Velásquez Vásquez

© Fotografía de portada:
Juan Suárez

© Fotografía del autor:
Gabriela Cevallos

Suárez, Juan.
El nombre del alba / Juan Suárez. 1a edi-- New York: Nueva York Poetry Press, 2019.
106p. 5.25 x 8 inches.

1. Poesía ecuatoriana. 2. Poesía sudamericana. 3. Literatura latinoamericana.

…quizás el aire de la bandada me deja algo, algo que también se va o se fuga, y hace caer luego, caer en el alma como una gota oscura un sentimiento de carencia o pérdida.

MARCO ANTONIO CAMPOS

Cartas inconclusas

Alguien Canta,
Padre.
Alguien pule una rosa.

HUGO RIVELLA

POEMA CONJETURAL PARA UN HIJO

Hijo de nadie,
llegará el día
en que harás el amor con la soledad
aunque en este poema yo diga
que es imposible estar solo.

Entonces,
ya habrás aprendido a mentir
y podrás hacer del silencio
una punzada menos dolorosa.
Llegará el día en que deberás ser viento
y obligarás a los amigos a blindar sus
ventanas;
serás espejo,
y aprenderás sin dolor
la inclemencia de las arrugas.

Habrás saboreado en otra lengua
el veneno de la inmortalidad,
habrás aprendido a hornear con humildad
el trigo del recuerdo,
una paloma te ensuciará el hombro
que alguien tocará
para ofrecerte abrigo.

Entonces, sabrás mentir
y verás la sangre de la felicidad
brotar de tus venas mal alimentadas.

Será necesario que aprendas el olor a lumbre
y que puedas evocarlo
para sentir el aire de tu casa.
Y que cambies, sin preguntas,
el color de las banderas,
por el de la ira.

Y que palpes en tus dedos la vergüenza,
y que sepas la suavidad del sexo en la
punta de la boca,
y que reconozcas
sin placer ni sufrimiento
el maduro fruto que se agita en tus costillas.

Entonces, sabrás la verdad.
Y verás rostros blancos de salud
y los amarás;
y verás otros cuya sombra
te hará recordar la forma de las ruinas
y sentirás que también los amas.

Verás a una mujer parir
en el frío de los azulejos,
y sentirás ternura por su sangre
perdida en una sábana
blanca como las sepulturas.

Y creerás en dios,
después de tocarlo
en la mano que recaiga sobre tu fiebre.

Solo entonces,
habrás aprendido a llorar,
y compartirás la sal
como si con ella pudieras repartir justicia.

Hijo de todos. Para cuando vivas,
ya habremos aprendido a mentir.
Podremos no decirte
lo que ocurre.

RAÍCES

Recuerda que la vida es otra cosa
que solo se parece a la primera vez que
tocamos el páramo
y nuestra piel conoció la espuma del viento.

Recuerda que nunca fuimos los favoritos de Dios,
que siempre nos golpeábamos las rodillas
al correr calle abajo,
que nunca tuvimos más lluvia
que la saliva seca
en los labios.

Si supieras que no son los árboles
sino tus huesos
los que crujen,
que las canoas del recuerdo
no flotarán en la estrechez de tus ojos.
Si supieras que el mundo no es un río
sino un desierto inmóvil
una palabra que no se incendia
una roca resbaladiza,
        si supieras que no es el pasado
el lugar que el miedo eligió para salvarnos:
no buscarías más allá del muro.

Confórmate ahora con la planta de moras

al pie de tu ventana
y no mires el lugar donde la espera
ha echado raíces.

Recuerda que la vida es otra cosa,
que el silencio
es el único lugar donde encuentra
un rincón para quedarse.

EL RÍO

Los años ablandan
el interior de las piedras como se ablanda la oscuridad
en el relámpago.
Con la misma inclemencia
han reducido
como se reduce en la sangre la sal
el caudal de este río.

Se parecen tanto
a la vida humana
esas rocas
que aprovechan su blandura
y el cansancio de las aguas
para escapar a las orillas.

A ningún hombre le bastaría para su sed
la calma febril de este río,
ni sería suficiente para sus ojos
el agua que se seca en la arena
como se seca la sangre
en las rodillas magulladas
de los niños.

Son las algas
las que han crecido esta vez;
las huellas en el lodo, las que se han vuelto perennes;
las moscas en manada,
las que se han vuelto oxígeno.

Estas aguas ya no mojan ni los tobillos,
y sin embargo a lo lejos
el río se arremolina
y parece quejarse
o celebrar su destino.

Sigue intentando
este río
arrastrar con lo que resta de su fuerza
la voz carrasposa de la vida.
O lavarla
o mojarla lo suficiente, al menos.

Río huérfano,
río imposible,
río solamente.

somos iguales:
arrastramos algo
aunque su caudal y su sonido
no alcancen a ahogar
el dolor.

DOS PETICIONES PARA UNA MADRE

I

No te esfuerces en limpiar estas sábanas.
Es verdad que fueron blancas un día
pero blanca es la enfermedad
y también lo son los dientes
que no han besado.

Las rosas también
aprendieron el placer de ensuciarse
bajo el sol,
y aguantar su sed sin lamentarse
por ellas mismas.

No hay que echarle la culpa a la tristeza,
nada más ha venido a buscar un techo,
como todos.
Tiene un hijo en su vientre
y se ha envuelto en las sábanas para parir.
Hará bien en la casa un niño nuevo
que nos raye las paredes
y nos despierte temprano
con sus risas.

Es verdad que fueron blancas un día, madre,
pero ahora sabemos que los pies felices
andan de barro,
y que las frutas saben mejor

con sus residuos de tierra,
y que saben a verdad los pechos
manchados de sudor y saliva.

Son las huellas
el precio de vivir.
Ámalas.

II

Madre.
Sé que estás cansada.
Pero también sé que conoces la paz
y que has multiplicado el oxígeno
al frotar tu cuerpo contra su corteza.

Dale esta herramienta,
este óxido
que es la esperanza.
Que la injerte en nosotros como un limón amargo.
Que le nazcan raíces en la carne.

Dile que lance nuestro corazón al río.
Que ablanden las aguas
su aspereza de roca.
Y que nos cuente otra vez la forma del mundo,
el tamaño de los árboles
la amplitud de la casa.

Sé que has escuchado
el gotear de la paz.
Limpia con ella nuestro rostro,
lava con su sal nuestro sonido.

EL DÍA LARGO

Fue largo el día, padre,
en que perdimos a dios en una pregunta,
y corto el consuelo
cuando dijiste que volvería
después del invierno
sobre el aleteo de los pájaros.

Ahora hemos crecido
como crece el polvo en el verano,
hemos guardado el sol en nuestras huellas
y el reflejo de la pradera a la que no hemos vuelto
porque no queda ningún cielo
a quien echar la culpa.

Aguantamos el silencio sin mirarnos,
pensamos en el tiempo
para concluir que nos da igual
si es esto que está pasando o no,
para saber que son maderos y algas
lo que arrastra hacia nosotros
-y amar la simpleza de su llegada-.

Padre,
ya el aire no nos cabe en el pecho
y los caminos no nos caben
en el lodo.

Un día despertamos para descubrir
que ha pasado el invierno

y que esos pájaros
siguen sin volver.

A veces confundimos su aleteo
con la sombra que se agita
bajo los árboles.

CARTAS AL POETA

I

Hace tiempo que compartimos esta casa
y no me has dado
ni un vendaje húmedo,
ni un fósforo para calentar la noche.

Te has tragado las promesas,
has aguantado la alegría sin mordazas,
has visto la hierba
crecer alta
en nuestros años.

Sigues alimentando con vergüenza
los pulmones,
buscando el calor
en el vientre de las rocas,
la lealtad
en el gesto antiguo
de tocarse.

Yo sé que alimentarse de aire
no alcanza para llegar a los rincones,
que nada es lo mismo desde que el silencio
se mudó con la memoria,
que hace tiempo somos
una huella cansada
una sombra debajo de la noche,

un sollozo limpio y justo.
       Pero todavía hay paz
             ensuciando tu semblanza.

Te dejo la casa,
los nombres que nos abandonaron,
mi herramienta que fue la nostalgia.

Haz de las tuyas.
Cuando veas mi sombra
entre el día y la puerta
olvídate de mí.

II

Si hay cárceles donde no cabe ni un suspiro,

si entiendes del abandono
y sabes que los cortes más limpios provienen
de los pájaros.

Si al cristal de tu ventana
rasgan las uñas del tiempo
como voces detenidas,

si tus párpados
llevan un sueño desaparecido
y soportas ser acribillado
por las cosas que no dijiste.

Si comprendes el incumplido final de tus derrotas
y escondes el deber de tus manos
en una caricia.

Si no te tienes
ni a ti mismo.

Dime cómo haces
para seguir creyendo
en el poema.

ORACIÓN

Señor, no soy digno de que entres en mi casa,
pero una sílaba tuya
una mentira, un respiro
pueden bastar para sanarme.

Yo confieso
ser amigo del dolor.
Los hombres no olvidamos los días
en que se nos clava una espina,
en que nos arrancan el silencio
a dentelladas.
Lo invocamos para escribir en la memoria.

Y confieso que es mío
su andar suelto en estas páginas.

Señor, por eso y más no soy digno.
Pretendí tantas veces
conocer la palabra,
hacer de ella un barco
que abriera el mar para huir del exilio.
Y nunca logré más que un madero
frágil y resbaladizo.

Ahora y en la hora
he dudado de tu voz,
no he visto frutos abrirse con tus versos,
el aire no ha traído tu nombre,

los inviernos llegan aunque nos los llames.

Pero aquí estamos, Señor
repitiendo:
"danos tu migaja,
perdona nuestros silencios
como el silencio nos perdona a nosotros,
no nos dejes tropezar en la esperanza,
líbranos de los significados..."

Ya ves, señor.
Es mejor que no entres en mi casa.
Pero dime en qué sombra
bajo qué huerto
sobre qué recuerdo
nos reunimos.

EL HOMBRE

Puedo jurar que intenté mojar los labios del condenado,
escuchar su última súplica.
Pero mi herida fue una infancia descalza,
el olor a pino y el frío,
el deseo de la madera por convertirse en cáliz.

Logré multiplicar con dulzura
el silencio del padre,
hacer de la mirada de un asno
el retrato más hermoso del mundo,
mentir de una manera tan bella
que el color de las heridas fuera solo un recuerdo,
una sed saciada con el frescor de los peces.

Mas no bastaron el sudor
ni la saliva. Ni el llanto de aquella mujer
bajo un cielo que la había olvidado.

No lo lamento.
Pude ver a mis hermanos alimentarse de guijarros,
y también deseé la muerte por un pan.
Vi a mi madre perder sus dientes en la espera,
y al hombre que vigiló su sueño
lo vi partir tras la bruma
después de remendar nuestros tejados:
sus manos astilladas,
sus hombros débiles
como la ternura en los golpes del martillo.

No me avergüenzo:
amé una boca antes que tu palabra,
la vi herirme eternamente en el costado
y de su corte brotó el pecado de la felicidad.

Padre,
al final hubo sangre,
y un cielo que me reveló un deber más sencillo:
tallar en la forma de los olivos
el silencio de su piel,
su aroma a huerta humedecida.

Que toda palabra
sea parte del intento.
Serán el precio
y el pago
por esta humanidad.

EL IDIOMA DEL AGUA

Espiábamos el cielo,
renegábamos de la alegría de los pájaros.

Esperábamos con impaciencia
un agua que llegara a revelarnos
el secreto de las cosas simples,
una lluvia que pudiera inundar la casa
limpiar nuestros zapatos
mojar el vestido de madre
que el desuso arrugó como un periódico.

Estábamos preparados
para un diluvio tan largo
que pudiera arrancar fertilidad a las rocas,
que provocara al mar crecer sin temores
hasta cubrir los puertos,
que diera sentido al impermeable
por el que padre sacrificó
sus manos y camisas.

Todo porque creímos
que el agua lavaría la ceniza de los jardines,
y agitaría las raíces
como se agita un corazón
en un viaje largo.

No sabíamos, entonces
que sería la humedad de la sonrisa,

y la lágrima
siempre la lágrima,
lo que nos haría usar con dignidad
ese impermeable roído.

COMPRENDER

No te asomes a la ventana
que no hay nada en esta casa
MIGUEL HERNÁNDEZ

Desde esta ventana
verás los frutos callados
y no comprenderás su aroma.
Verás los arbustos
y sabrás que allí no podrás ocultarte.
Verás las palomas
y las cigarras
y no descubrirás las razones de su regocijo
ni entenderás por qué el niño revela el rostro
cuando llueve
o por qué los perros te muestran la lengua
cuando también vagas en la sed.

A nadie verás en los ojos de esa anciana
ni recordarás tu infancia en el remiendo
que reposa sobre su regazo
y que parece enredarse como el mundo.

No conocerás la historia
pero oirás su rumor cansado
y lo confundirás
con la vida
o el olvido.

Pero ahí está la ventana
y sigues mirando
como si un día, por encima del muro
pudieras ver el polvo
y comprender el mar.

BÚSQUEDA

Puede ser que el corazón
se torne ave
y se marche a poblar
las ramas lejanas de algún roble.

Puede que abandone el pecho
en busca del paisaje
para ser lamento de cordillera,
dolor de junco abandonado;
o puede también que le crezcan raíces
y busque ceñir con ellas
la paz incierta de una tarde.
Puede ser
que tu sombra
se crea viento de camino
y juegue a enjugarte el calor de la frente,
o que tus huesos se amontonen
como una pared de ladrillos
contra el tiempo.

Puede ser.
Pero los años olvidarán en tu nombre
a los robles, al calor de la frente,
al aire que llora en los ventrículos;
y el tiempo hará surcos en tu memoria.

Te bastará -entonces-
un jardín para la semilla,

la lealtad de una piel,
una espina para sangrar
y recordarte.

CUANDO DEUCALIÓN HABLA CON PIRRA

Quisimos inundar la tierra
hasta que salieran nuestras raíces
en busca de aire.
Quisimos una tempestad
que cubriera los templos
donde se arrastran a rezar los olvidos.

Quisimos un mar en la boca
un rumor de algas en cada sílaba
una dignidad de espuma en la sangre.

Confiamos en que dios inundaría el mundo
hasta convertirlo en un lago inmóvil
sereno como las arrugas de nuestra frente.
Allí colocaríamos, al fondo,
una alegría atlántida
que nos revelase de a poco
su muda lealtad.

Y solo después
buscaríamos junto a las palomas
una roca sobreviviente
con la cual hacer un nuevo campanario.

Pedimos una tierra inundada
pero no hemos visto más que un escupitajo
una lágrima secándose en la arena.

Es lo que intento explicarte.
Sin embargo, lo niegas
y repites:

"...en las aguas que nazcan del diluvio
hemos de lavar nuestros cuerpos
porque así imaginamos la felicidad..."

SIN EMBARGO

Tengo parte de mi tiempo detenido
en abril del 93
cuando solo conocía el insomnio prematuro
y mi habitación daba al jardín
lleno de ropa húmeda
secándose en la tarde.

Tengo parte de mi voz anclada
a la marea de las plazas
y al silencio de los hospitales.

Tengo el mundo como una herida
el tiempo que ronda las alfombras
los silencios cada vez más prolongados entre una pregunta
y un buenos días.

Tengo humedad sobrante en mis ojos.

Y sin embargo te tengo
fabricando la nueva noche
conmigo.

CAPÍTULOS

Hay capítulos en la vida
que se entienden en soledad.

Si quieres
te los puedo contar uno a uno
en esos días en que la ciudad y su tiempo
nos permiten platicar de cualquier cosa.

Están mis noches de insomnio, por ejemplo,
abundantes en mi niñez cansada y envejecida de forma
prematura.
Sé que tenía miedo.
No sé más.

Está la historia que bien conoces de mi padre,
mi miedo al exilio
mis esperanzas como árboles.

Te puedo contar también las cosas de mi cuerpo.
Cicatriz en la mano derecha. Cinco años. Caída de un árbol.
Creía que no era tan alto.
En esos tiempos era más optimista.

Rodilla, catorce años. No puedo inclinarme.
A veces me canso de estar de pie.

Costillas. Dicen que las hizo Dios
con un pedazo de mujer,

guardan mucho de lo que tengo
para ser hombre.

Por lo demás, no me conozco a mí mismo.
Hay capítulos que se comprenden solo en la sombra
de la intimidad.

Desnúdame pronto.
No hay tiempo.
Ábreme la memoria del futuro.
Ayúdame a entender.

EN EL LUGAR DE LOS ÁRBOLES

No sé por qué terminé pensando en nosotros
cuando vi ese árbol que mueve sus ramas
como si ya no hubiera vendavales en el mundo
y ya nada pudiera quitarle
la última, verde
        hoja,
el último, caliente
        nido.

MIGUEL HERNÁNDEZ HABLA SOBRE LA ESPERANZA

El odio se amortigua
detrás de la ventana.
Será la garra suave.
Dejadme la esperanza.

MIGUEL HERNÁNDEZ

Se levantarán los ojos
detrás del metal y las paredes.

Vendrá un tiempo duro
como el pan de nuestra mesa.
Comenzará la cuarta década
y los árboles tomarán el color pardo y dulce
de nuestros muertos.
Se fundirán los días en nuestra frente,
amasarán con nuestro polvo
un barro más cálido
que las mejillas de un niño enfermo.

Con su tierra cubriremos
las jugosas semillas de la memoria
y brotarán como manantial
las palabras y los llantos.

Habrá un mar derrotado
por el oleaje de tu vestido.
Allí, un hijo,
que será hijo de todos,

retará a las nubes
y su sangre, amarga como cebolla,
se hará dulce en tus palabras.

Allí probaremos la lealtad de los tejados
y se hará buena costumbre la sal del cuerpo,
la humedad de la salud,
el sabor a huerto en las manos.

Crecerá la tarde
como un pájaro que picotea
las migajas de la mala suerte.
Y regresará la casa,
sin soledad ni blanco en sus paredes.

La vida
regresará del llanto,
ha estado defendiéndose a dentelladas,
sujetándose a una raíz con las uñas.

ANA MARÍA

Quizás las letras sean un horno en miniatura
donde se dora íntegro el pan de la esperanza.

ANA MARÍA IZA

Contigo nació un viento, Ana María,
de esos que convierten en espigas
    a los mástiles
y son la fertilidad de los adioses
entre los pañuelos.

Ese viento te llevó la tarde
como una pestaña que se incrusta en el ojo
y te hace llorar sin motivo.
Te trajo las primeras palabras
como quien trae fruta o pan.
Silbó contigo entre los huesos
que te llevaban por el mundo.

Y aprendió a crecer al lado de tu sombra.
Llevó los hilos con que remendaste
el corazón y los vestidos
cuando no alcanzaba ni para el hambre.
Iba tras de ti cuando perseguías la sed,
Aprendió el juego de hacer preguntas
y el de saber marcharse al mar
sin una respuesta.

Por ese viento buscaste lo imposible:
una palabra que secara la frente
una semilla que bastara el tiempo
diez minutos de sol interminable.

Viento de fuego y ceniza, Ana María,
que intentaste apagar con un suspiro,
pero no bastó ni el mar ni el frío de la vida
que aprendiste a querer
como se quiere la palabra césped
y el clamor de los campanarios.

Cansado también,
silencioso y alegre,
ese viento te repitió más de una vez:
"...hemos de vivir
aunque nos duela,
Ana María..."

GELMAN

Arrojaron cadáveres a la puerta de tu casa,
te obligaron a respirar su aire moribundo
a buscar el recuerdo en las cuencas vacías de sus ojos.
Y lo hiciste, quizás porque te atormentaba menos el fracaso
que la impotencia.

Tuviste el valor suficiente para abrirles el pecho
y guardar sus almas en una vieja caja de zapatos.

Se parecían tanto a vos, Juan,
tanto a tu niñez
que las dejaste habitar tu pecho como si se trataran de crías
sedientas por amamantar un poco de ternura.

Te hicieron agujeros en la carne, Juan.
Tumbas, que no fueron en el aire
ni en el agua,
tumbas cavadas en tus lágrimas
en tus dedos envejecidos
por el lento paso de noviembre.

Te clavaron muertos en los ojos
en los armarios donde sonríes y te vistes de miseria,
muertos en los puntos cardinales
en tu pueblo destrozado por banderas y hombres
por exilios y cárceles
donde no cabe un pie
o una lágrima.

Dime, Juan,
vos que comprendes aquella soledad
que para otros es solo una amenaza posible,
dime por qué somos tan cobardes
para llorar como lo hizo Dios
cuando te vio acribillado
una y mil veces
por el nombre ausente de tus hijos.

Dime, Juan, cómo lo has hecho.
Cómo has colgado flores de cada tumba,
flores, de cada agujerito.

HISTORIAS

Mi abuela solía contar historias
de diluvios,
de aguas que lavaban la piel
para que la luz no pudiera reconocerlas,
de nubes que se ceñían sobre la tarde
y entraban en las casas
como un animal rabioso,
de goteras que quitaban el sueño
a los cansados padres
y dejaban en las habitaciones
una pesada orfandad de cirios,
de inviernos que extinguieron
con su grito
el canto de los pájaros.

Su padre
le enseñó a construir tejados
y le enseñó a esperar
el retorno de las aves,
la primera señal que pondría fin
a la humedad de la casa.

Ahora sabemos
que no es el invierno
el que ahuyentó a los pájaros.
Pero a veces
somos el niño que duda
si dios lo mira al robar un dulce,

y nos llagamos las manos
por clavar tablas al tejado de la casa,
  y nos descubrimos
  con la mirada
  quemándose en el horizonte
buscando un aleteo
que dé señales
de algún retorno.

ULISES

Quizás has sido tú, Penélope,
quien entrenó al mendigo,
quien le habló de las higueras y los naranjos,
quien le enseñó a tensar el arco
y a observar las olas golpear las casas diminutas
bajo los acantilados.

Con más seriedad que amor
le habrás mostrado
la luz incierta de tu lecho.

Telémaco lo creerá todo:
con los ojos velados por el llanto,
se verá a sí mismo
en las pupilas del mendigo.

Los pretendientes fueron siempre unos cobardes.
Y mientras una muñeca,
apenas un manojo de ropas en la noche
finge sostener las agujas,
tú recorres las calles,
amas la compañía de los perros,
llenas de lúcido vino tus palabras,
y te dejas sorprender
por la risa
de un año que empieza a resplandecer
en la piel de las naranjas.

Eso de llamarse Nadie,
eso del cordero y el inframundo,
eso del futuro en la voz de las mujeres pájaro
son los cuentos con los que haces
dormir a tu niño.

Quién me reconocería a mí,
pescando solitario en esta playa,
delirando con el pecho de una bruja,
recordando tu nombre
para saber que no es real
el agua que me asfixia.

NIÑO

It is not now as it hath been of yore;
Turn wheresoe'er I may,
By night or day,
The things which I have seen I now can see no more.
WILLIAM WORDSWORTH

De grande tendré barba espesa y profunda,
haré algo por la paz del mundo,
seré noble
seré un buen hombre.

Me miro al espejo.

Solo esta barba
solo esta guerra
solo este hombre.

CATÁBASIS

Ese instante
en que notas tu piel quebrada
como las paredes de la habitación
expuestas a la humedad del aliento
y del pasado.

Ese instante en que la ciudad
se puebla de hombres mustios y jubilosos
y te das cuenta que siempre
fuiste ambos.

Ese instante en que tu cuerpo
abraza aquella frialdad
que se abre paso por el mundo
de la forma en que la luz atraviesa los cerrojos;

y sin embargo
no deseas el sol
ni más calor que alimentar
como hijos que retornan después de humillarte.

Has visto a otro hombre
u otra mujer
entender el rechinar de tu memoria
y mojarse con el invierno de una tarde
que tampoco es suya.

Ese instante

los hace idénticos,
te sientes expulsado del útero cansado y feliz
de la alegría,
y antepones tu débil quietud
tu minúscula certeza,
como si en ellas habitase el calor de la mañana

y te miras reflejado
en los ojos de aquel desconocido:
lo imaginas también enemigo del ruido
asustado del mismo vacío en los platos,
nostálgico de la misma placenta.

Ese instante de lealtad
se rozan el aire
para dividir por la mitad
al dolor.

Es entonces
cuando decides doblar la esquina
y desciendes
rendido y feliz
hacia el mundo de todos los días,

solo para comprobar
que constante, inmóvil
algo, alguien
te observa y sonríe
tras la bruma.

SILENCIO

Aquí estamos.
Somos los hijos olvidados
que cruzaron el desierto de tu nombre
en cuarenta días,
y han regresado.

Nos obligaron a oler tu aire
en el aliento de los muertos,
a tocar tu piel en el espacio de su ausencia,
a conversar con su muda memoria.

Pero nuestra forma de sobrevivirte fue sencilla.
Cuando el corazón estaba más cerca del suelo
aprendimos a llorar,
y descubrimos más tarde que el frío
nos sacudiría los huesos
y llenaría las calles con sus campanadas.
Fuimos aliados de la mentira.
También supimos que infligir dolor
podría ahorrarnos las lágrimas,
y reemplazamos el llanto
por el crujir temible
de un insecto bajo las botas,
-a veces fue un ave nacida en mala hora
o un hermano mártir.
Ninguno dejó de amarnos
entre sollozos-.

Así nos convertimos

en los desterrados de tu sombra.
Creímos que la sangre nos crecería
ruidosa como un río.

Pero hoy venimos a decirte
que han sido las pausas del corazón,
sus intervalos de mudez,
los que han despertado la vida.

Su sonido se parece a la poesía.

Ahora tus hijos
                    tus herederos
hemos regresado.
Venimos a ofrecer humildes
nuestra voz.

La geometría de la espina

...to reconcile the people and the stones.

WILLIAM CARLOS WILLIAMS

LAS OLLAS

El sol de la infancia
fue el bronce reluciente de las ollas.

Colgaban por docenas de las paredes
inventaban la espera debajo de las mesas
daban dolores de cabeza al óxido
que crecía en los cajones.

Mares inmensos
se fraguaron en esas ollas.
Madre pudo haber cocido en ellas
el secreto de la inmortalidad
            pero los arroces duros que parían sus vientres
eran finitos como los hombres
y su sabor era una espina
en la lengua del pasado.

La felicidad existió junto a las ollas:
era algo como arrejuntarse
ante el calor de su alimento
y estrujar el rostro contra las manos de la madre
de la misma forma en que el hambre se juntaba
al espinazo.
            Y escucharla rezar los nombres de los que faltaban,
            y repetirlos en timidez
            con la creencia de que alguien haría lo mismo
por nosotros.

En esas ollas hirvió el brebaje
con que desinfectamos las heridas,
y también el espesor saludable
que bebimos hasta hacernos carne,
hasta quedar rendidos de dicha,
hasta que la sangre se nos hizo en las venas
y aprendimos su sabor para identificarnos.

Y brotaban de su brillo
aguas milagrosas que lavaban las lágrimas
cuando padre se ausentaba por días inmensos,
cuando la tarde era más agujas que viento,
cuando la música no alcanzaba en el pecho,
cuando perdíamos ante los pájaros los capulíes,
cuando el frío nos arañaba lentamente las pantorrillas.

Así fue el sol de bronce:
humilde, como el sabor del agua.

FLOR

Alguien ha dejado una flor
en la puerta de la casa.

Sé que a pesar de su mirar esbelto
ya no hay raíces que sostengan su belleza,
ningún aire que la haga feliz con la caricia,
ninguna luz
que se haga sangre en sus aromas.

La flor y yo sabemos
que pronto será poco más
que un tallo minúsculo
al que miraremos con vergüenza,
al que sacaremos
sin dificultad ni rencor
del interior de la casa.

Por eso,
por compasión al menos,
debería amar el instante de esta flor,
su vida todavía milagrosa,
la sospecha de un artesano
trazando la forma de su cromática.

Pero en cambio, la he dejado
en un rincón de la casa
que ahora todos evitan
para no verla.

Desde allí,
la flor sigue mirándome.
Se reconoce en mí.

Me llama con la voz de los cuerpos
desnudos
que saben que esa noche no van a morir.

Quiere jugar conmigo
a quién reíste más
de entre nosotros
arrancados los dos,
ya sin raíces.

HOJA DE VIDA

Sobre el papel
la vida se convierte en una simple palabra
escrita con la intención de preservar algo
de su tibieza.

También escribimos nuestros nombres
nuestra edad
nuestra dirección domiciliaria
y la vida se completa
cuando agregamos un solitario punto
al final de nuestro número telefónico.

De vuelta a casa
ni yo mismo sé lo que he escrito.

Vivo en la calle Juan,
mi nombre es quinientos cuarenta tres ochenta y cinco
tengo dos calles a la izquierda
de vida.

He arrojado mi información a la basura.

Comprendo que a veces mi nombre no es Juan
que mi hogar no queda a dos calles hacia la izquierda
ni tampoco tengo un número donde encontrarme.

Somos una nota en blanco
el sobre que contiene una esperada carta,
la primera palabra de un poema
escrito en el insomnio.

PREGUNTAS DE PRIMER ORDEN

Cómo contarse las pestañas,
con qué ábaco medir
las unidades de viento
que nos quedan de reserva.

Cómo mirar a los hijos
para decirles que los pájaros se van
a vivir en cielos más azules,
cómo explicarles las razones
las mediocres razones
las envidiosas razones
que tuvimos para decirlo.

Cómo desenterrar
las palabras que alguien grabó
en el tallo de esa higuera,
cómo pesar los guijarros
que la dicha masticó
en lugar de frutos.

Cómo grabar en la luz
la resaca del amor,
cómo ser profeta
de lo inmóvil,
del tiempo que quiebra la piel
y la separa como una puerta
por la que han de marcharse
las despedidas.

Cómo dejar constancia
de la fugaz felicidad
del silencio.

CUANDO EL SILENCIO SE HACE NOMBRE

Dicen que el silencio antecede a las cosas grandes:
como dos cuerpos a punto de amar
o de rendirse.
Como cruzar una frontera,
anticipar en la leña el crepitar de la lumbre
o simplemente guardar una carta
en el bolsillo.

Por eso tenemos razones para pensar
que después de este mutismo
vendrá una explosión que inundará la casa
un acorde en el alma
que será dios
o la muerte o la victoria.

O quizás
sea solo un pájaro
que picotea su reflejo en la ventana.

DECIR

Digo *Soledad*.
Y pienso que mejor habría sido hablar
de aquel niño,
de su llanto olvidado por la luz,
des vientre que no conoce.

Digo *Dolor*.
Y sé que mejor habría sido hablar de la luz
que abraza sin propósito
los gestos de una madre,
la misma luz
que intenta calentar de nuevo
la sangre congelada en las heridas,
la misma luz que toca sin amor
los labios empolvados y rígidos.

Digo *esperanza*.
Y pienso que mejor habría sido hablar de un cirio
temblando bajo los pies apolillados de un santo,
o hablar del destello
encendido tras la puerta
para que alguien ya lejano
vuelva a sentir el calor del retorno.

Digo *destino*,
y sé que mejor habría sido hablar del sol
sobre la piel del caminante

brillando en su cansancio
como perlas diminutas.

Digo *humildad.*
Y sé que mejor habría sido hablar de la fogata
que un niño utiliza para rezar
y calentar las manos de su abuela
que se esfuerzan por remendarle las camisas
y el alma.

Digo *quietud.*
Y sé que mejor habría sido hablar
de la luz sobre su espalda.

Digo *poema.*
Y sé que mejor habría sido hablar
del tacto de la luz
sobre los párpados
del ciego.

(IN)CERTEZAS

Si cavaran este silencio con una cuchara
solo encontrarían
un silencio
mucho más antiguo.

DICEN DE LA ESPERANZA

Hay los solitarios que afirman
haber recibido una noche
el sustento de su voz
y su vestido.

Dicen que siempre va calle abajo
persiguiendo los años
y los huesos
que se llevaron los ríos.

Dicen que cuenta historias
de una cruz sin hijo,
y una madre que solo llora
por el cristal de la cebolla.

Dicen que duerme en las estaciones de tren
y ofrece su cuerpo para pasar el frío,
que allí susurra pañuelos soñados,
rostros congelados tras el humo,
o el ciego calor de un zarpazo
en los muslos
renovado después de tantos años.

Dicen que llena el estómago
de los platos vacíos,
que se desangra en las rodillas
de los escolares,
que roza apenas a los que se amontonan

en los autobuses
sin conocer con certeza
su destino.

Y que a veces
solo a veces,
escribe cartas
y las arroja por allí
        aunque haya siempre
algo que le recuerde
que nadie, jamás
va a encontrarlas.

NOCTURNO

La noche agoniza entre las velas
que mi madre enciende en la cocina.

Uno no puede más que sentarse
de frente a una ventana
y hacerle preguntas a una silla vacía.

La noche no conoce las formas del olvido,
como la memoria
camina siempre los mismos pasillos
se detiene instantes en las sábanas
en los cajones, en los cestos de frutas,
en las fotografías,
apenas lo suficiente para arrebatarnos
el tiempo que llevamos atado a los tobillos.

Al recuerdo ya no le cabe ni un alfiler
y nosotros mismos
no cabemos en la casa.

Las velas encendidas por la madre
se apagan
frente a nuestros ojos
y escribimos un poema que apresure la llegada
de la mañana.

Pero la noche sigue.

Para la oscuridad
sigue siendo ayer.

DEL PADRE AL TIEMPO

Más allá del tiempo
observo los ojos de mi padre
proyectar la sombra fría
de un cazador vencido.
Escudriñan la casa.

El ritmo de la memoria
mueve sus párpados.

Dicen que mi hermano tiene sus mismos ojos
y que yo tengo el mismo brillo inquieto
por el futuro.
Cuánta tristeza necesitaron ver
para convertirse en una caricia,
cuánta alegría llenó el pozo de sus lágrimas,
cuántos amaneceres
para convertirse en hombre.

¿Serán los mismos ojos que miraron a mi madre?
¿Los mismos que miraron la noche bajo la sombra
del secreto?

Sus párpados brillan
como pequeños inviernos en la historia.

Tengo los mismos cristales
en los ojos.
Yo también miro
como un cazador vencido.

NOSTALGIA DEL DESEO

Cuando estaba tu cuerpo
no hacía falta
encender la luz.

VULNERABLES COMO UN NIÑO

Frente a mí
un pequeño salta y ríe
bajo las primeras gotas de este mes empobrecido.

No nota mi presencia,
por eso puedo mirar que tiene los ojos de su padre
tristes y hondos
como la tarde a sus espaldas.

Sé que imagina un día soleado
un campo largo de la mano de su madre
un cielo limpio y alcanzable.

Sé que sueña ser un pájaro
porque agita los brazos en el aire
y su hondo canto me arranca
el calor que quedaba en mis costillas.

El vulnerable soy yo:
con las piernas que se sacuden
como si quisieran deshacerse de los años.

Yo, sin cielo
ni campo
ni pájaro.

Deja de llover.
El niño nota mi presencia.

Me mira,
se detiene inmóvil
como si hubiera visto un muerto.

Solo puedo correr
a esconderme.

CREACIÓN

Al principio estaba la oscuridad
una aproximación silenciosa
entre las sombras
un mirar al acecho
como quien espera la llegada del invierno
o de buenas noticias.

Después se hizo el mar en que navego
el cielo y las lluvias generosas
la tierra que nacía en la palma de cada mano.

Y este país se pobló de fieras salvajes
de bosques y de nostalgias imposibles.

Entonces se hizo el aire
el deseo que a través del pecho transita.
Saliva en mis costillas. Y me creaste hombre.

Soy mujer, me dices.
Desnúdame.

Y entonces
se hizo la luz.

CAMBIOS DE CICLO

Con los años nos acostumbramos
a la falta de fuego
y luz y uvas.

No esperamos las canciones
ni deseos en cartas
ni oraciones de buena suerte
ni vejez rota
ni infantiles gestos
ni la risa de la madre
ni el entendimiento
ni la cábala
ni las barajas en la mesa
ni el escepticismo
ni las quejas
ni los consuelos
ni las copas
ni los fósforos
ni los malos ratos
ni las confidencias
ni el pasado
ni las calles y la gente
ni las manos en alto
ni el entusiasmo
ni el vino.

Sobra
con una habitación
que mire siempre al jardín de la casa.

INVENTARIO

En este cuerpo quedan muchas cosas:

La generosidad del césped que piso
las luciérnagas que invoco
las colinas cuesta abajo en bicicleta
los timbres y puertas que no he tocado
las madrugadas y el insomnio
las veces que hemos hecho el amor
una y otra vez,
el cielo y sus ocasos
el deseo y su insistencia
el frío y sus victorias.

También tiene el olor de tus muslos
y la luz a medias.

La tristeza de un país que siempre fue generoso
una esperanza deshecha
después de todo.

El cuerpo es un armario
que guarda camisas y abrigos.

Desnudémonos. Luego eliges tú
lo que vamos a ponernos.

ENSEÑANZAS

En la infancia quisieron enseñarnos el color del cielo
pero jamás nos mostraron
las nubes de humo, no dejaron entrar
el sol de las despedidas.

Nos enseñaron los nombres
y ocultaron su sangre,
aprendimos a deletrear la historia
y repetimos hasta el cansancio
las capitales de la belleza,
los himnos de pájaro exiliado.

Nos enseñaron las palabras de perdón
solo para que pudiéramos repetirlas
cuando amábamos la protección
de la noche.

Nos enseñaron a sumar las culpas
pero nos ocultaron el resultado
de frotar dos rocas
o dos cuerpos
hasta que surja algo.

Nadie nos enseñó
que podían expulsarnos
de dios y de la tierra
si en lugar de decir cuerpo lo mostramos,
si decíamos *mar*

y en el fondo
nos ahogábamos sin preguntas.

Tanto nos enseñaron.

Pero siempre hubo una ventana
que no pudieron tapiar
con años o pizarras:
por esa ventana
entraba a veces
a conversar el mundo.

PALABRAS

También la luz
tiene sus complejidades.

Por ejemplo
atravesar la incontable existencia
que se teje entre las formas
de nuestro cuerpo.

Es esta sombra que somos,
el dulce regalo
de su fracaso.

ALEGRÍA

No crea jamás en mi felicidad
la considere yo un misterio
una efímera rosa sobre mis tumbas.

No aprenda yo a reconocer sus rostros
no sepa de su cuerpo desnudo
como la inocencia
o el pecado.

No habite mi alegría
las mismas habitaciones
en que me declaro vencido.

No la conozca yo,
porque habrá de terminar pesando
como un muerto,
como una culpa ajena y desagradable.

Que mi sonrisa sea
de esas cosas que se esfuman
con la facilidad
de una mañana buena y cálida.

Que mi alegría me provoque buscarle
más allá de los escaparates,
en el silencio del páramo,
en la alargada parsimonia de las calles.

Que sea una aparición repentina,
un niño que se asoma por la esquina
con las manos en alto,
un sabor a tristeza,
una fotografía que creíamos perdida,
     el amor que deja mi camisa vacía
     y siempre vuelve.

EL ENEMIGO

Se dice del enemigo
entre las anchas calles de Troya
que su sangre está hecha de ríos
y serpientes,
su piel
     de bronce,
y sus ojos
     de lo que queda en las casas
cuando termina el trueno.
Se rumora que él solo,
ha devastado veinte ciudades,
que él solo ha logrado herir con sus manos
la digna espuma del Escamandro.

Los niños han dejado de jugar en la plaza,
Ya no trepan a las higueras para espiar el horizonte
sobre la muralla,
ya no juegan a la guerra
como les enseñaron sus padres
porque ahora temen a la sombra de Aquiles,
al destello de su escudo
capaz de traspasar los muros
como el viento atraviesa un vestido
o una cordillera.

Alguien dice que ha matado a Héctor.
¡Héctor!, el más fuerte de los troyanos
doblegado como un corderito.

Se augura fuego para Troya,
fuego en el corazón de los hombres
fuego en el sol
que nunca más hará crecer las espigas
     bajo los cuerpos de amantes solitarios.

No muy lejos de la muralla,
mientras los niños duermen pesadillas
y las madres se arrancan los cabellos
para herir su soledad,

lejos,
en silencio,
     de rodillas,
          rendido
el enemigo
el que lleva el trueno en los ojos,
solo,
     llora.

POÉTICA

Mira,
el poema suele ser como la bruma:
podemos imaginar detrás
una cerca astillada,
un camino de arena,
un río que divida al tiempo como sonrisa.
Puede seducirnos su silencio.
Puede perdernos el blanco eterno que lo rodea.

Lo bello es estirar las manos hacia algo
        y buscar,
                buscar
                buscar.
Para no tocarlo.

ACERCA DEL AUTOR

Juan Suárez. Poeta y editor. Licenciado en Comunicación y Literatura por la Pontificia Universidad Católica del Ecuador. Ha publicado los poemarios *Lluvia sobre los columpios (*2014*)*, *Hacen falta pájaros* (El Ángel Editor, 2016), y *Nos ha crecido Hierba* (2018), finalista del Premio Nacional de poesía Paralelo Cero). Sus poemas han aparecido en revistas literarias como *Círculo de poesía, Otro páramo* y *Revista Aérea de poesía*, de Chile. Consta en la Antología de Poesía Española *Lo demás es Silencio Vol II;* (Chiado Editorial; Madrid, 2016), *Seis poetas Ecuatorianos* (Editorial Caletita; México 2018) y revista *Americana de Poesía* (Santiago de Chile; 2018). Participó en el Encuentro de poesía Las líneas de su mano (Bogotá, 2018). Actualmente, es parte del equipo de organización del Encuentro Paralelo Cero.

ÍNDICE

EL NOMBRE DEL ALBA

Construcción

Poema conjetural para un hijo · 11

Raíces · 14

El río · 16

Dos peticiones para una madre · 18

El día largo · 21

Cartas al poeta · 23

Oración · 26

El hombre · 28

El idioma del agua · 30

Comprender · 32

Búsqueda · 34

Cuando Deucalión habla con Pirra · 36

Sin embargo · 38

Capítulos · 39

En un lugar de los árboles · 41

Miguel Hernández habla sobre la esperanza · 42

Ana María · 44

Gelman · 46

Historias · 48

Ulises · 50

Niño · 52

Catábasis · 53

Silencio · 55

La geometría de la espina

Las ollas · 59

Flor · 61

Hoja de vida · 63

Preguntas de primer orden · 64

Cuando el silencio se hace nombre · 66

Decir · 67

(In)certezas · 69

Dicen de la Esperanza · 70

Nocturno · 72

Del padre al tiempo · 73

Nostalgia del deseo · 74

Vulnerables como un niño · 75

Creación · 77

Cambios de siglo · 78

Inventario · 79

Enseñanzas · 80

Palabras · 82

Alegría · 83

El enemigo · 85

Poética · 87

Acerca del autor · 91

Colección
PIEDRA DE LA LOCURA
Antologías personales
(Homenaje a Alejandra Pizarnik)

1
Colección Particular
Juan Carlos Olivas

2
Kafka en la aldea de la hipnosis
Javier Alvarado

3
Memoria incendiada
Homero Carvalho Oliva

4
Ritual de la memoria
Waldo Leyva

5
Poemas del reencuentro
Julieta Dobles

6
El fuego azul de los inviernos
Xavier Oquendo Troncoso

7
Hipótesis del sueño
Miguel Falquez-Certain

8
Juntamente
Ricardo Yañez

Colección
MUSEO SALVAJE
Poesía latinoamericana
(Homenaje a Olga Orozco)

1
La imperfección del deseo
Adrián Cadavid

2
La sal de la locura
Fredy Yezzed

3
El idioma de los parques / The Language of the Parks
Marisa Russo

4
Los días de Ellwood
Manuel Adrián López

5
Los dictados del mar
William Velásquez Vásquez

6
Paisaje nihilista
Susan Campos-Fonseca

7
La doncella sin manos
Magdalena Camargo Lemieszek

8
Disidencia
Katherine Medina Rondón

9
Danza de cuatro brazos
Silvia Siller

10
Carta de las mujeres de este país / *Letter from the Women of this Country*
Fredy Yezzed

11
El año de la necesidad
Juan Carlos Olivas

12
El país de las palabras rotas / *The Land of Broken Words*
Juan Esteban Londoño

13
Versos vagabundos
Milton Fernández

14
Cerrar una ciudad
Santiago Grijalva

15
El rumor de los duraznos
Linda Morales Caballero

16
La canción que me salva / *The Song that Saves Me*
Sergio Geese

17
El nombre del alba
Juan Suárez

18
Tarde en Manhattan
Karla Coreas

19
Un cuerpo negro / *A Black Body*
Lubiana Prates

Colección
TRÁNSITO DE FUEGO
Poesía costarricense
(Homenaje a Eunice Odio)

1
41 meses en pausa
Rebeca Bolaños Cubillo

2
La infancia es una película de culto
Dennis Ávila

3
Luces
Marianela Tortós Albán

4
La voz que duerme entre las piedras
Luis Esteban Rodríguez Romero

5
Solo
César Angulo Navarro

6
Échele miel
Cristopher Montero Corrales

7
La quinta esquina del cuadrilátero
Paola Valverde

Colección
LABIOS EN LLAMAS
Poesía emergente
(Homenaje a Lydia Dávila)

1
Fiesta equivocada
Lucía Carvalho

2
Entropías
Byron Ramírez Agüero

◆◆◆

Colección
SOBREVIVO
Poesía social
(Homenaje a Claribel Alegría)

1
#@nicaragüita
María Palitachi

◆◆◆

Colección
MEMORIA DE LA FIEBRE
Poesía de género
(Homenaje a Carilda Oliver Labra)

Colección
MUNDO DEL REVÉS
Poesía infantil
(Homenaje a María Elena Walsh)

1
El amor es un gigantosaurio observando el mar
Minor Arias Uva

2
Juguetería
Byron Espinoza

◆◆◆

Colección
PARED CONTIGUA
Poesía española
(Homenaje a María Victoria Atencia)

1
La orilla libre
Pedro Larrea

2
Pan negro
Antonio Agudelo

◆◆◆

Colección
CRUZANDO EL AGUA
Poesía traducida al español
(Homenaje a Sylvia Plath)

Para los que piensan, como Luis García Montero, que *cuando me convoquen a declarar mis actos, aunque sólo me escuche una silla vacía, será firme mi voz,* este libro se terminó de imprimir en el mes de abril de 2019 en los Estados Unidos de América.